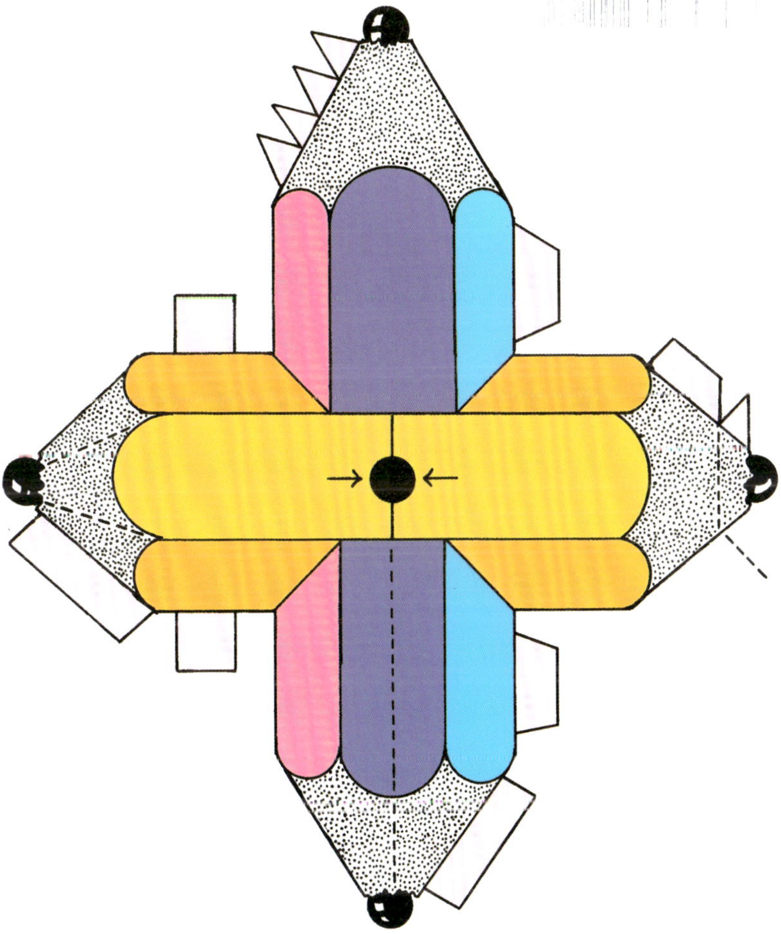

Mycelium Wassonii

迷幻蘑菇：圖像迷幻文化與藝術，橫跨歷史與情感敘事的神作

作　　　者	布萊恩・布洛默斯Brian Blomerth	Original Title: Brian Blomerth's Mycelium Wassonii
譯　　　者	白水木	Authors: Brian Blomerth
封 面 設 計	萬勝安	Copyright © Anthology Editions, LLC
內 頁 編 排	簡至成、高巧怡	This edition arranged with
行 銷 企 畫	蕭浩仰、江紫涓	Anthology Editions, LLC
行 銷 統 籌	駱漢琦	Through Big Apple Agency, Inc.,
業 務 發 行	邱紹溢	Labuan, Malaysia
營 運 顧 問	郭其彬	Complex Chinese translation
第 二 編 輯 室	總編輯林淑雅	copyright © 2025 Azoth Books Co., Ltd.
社　　　長	李亞南	All rights reserved.

出　　版	漫遊者文化事業股份有限公司
地　　址	台北市103大同區重慶北路二段88號2樓之6
電　　話	(02) 2715-2022
傳　　真	(02) 2715-2021
服 務 信 箱	service@azothbooks.com
網 路 書 店	www.azothbooks.com
臉　　書	www.facebook.com/azothbooks.read
發　　行	大雁出版基地
地　　址	新北市231新店區北新路三段207-3號5樓
電　　話	02-8913-1005
訂 單 傳 真	02-8913-1056
初 版 一 刷	2025年7月
定　　價	台幣750元
I S B N	978-626-409-113-8

國家圖書館出版品預行編目 (CIP) 資料

迷幻蘑菇：圖像迷幻文化與藝術，橫跨歷史與情感敘事的神作/布萊恩・布洛默斯（Brian Blomerth）著；白水木譯.-- 初版.-- 臺北市：漫遊者文化事業股份有限公司出版：大雁文化事業股份有限公司發行, 2025.07
224 面；15.2 × 22.8 公分

譯自：Brian Blomerth's Mycelium Wassonii
ISBN 978-626-409-113-8（平裝）

1.CST: 華森(Wasson, R. Gordon (Robert Gordon), 1898-1986) 2.CST: 華森, Valentina Pavlovna, 1901-1959) 3.CST: 真菌 4.CST: 幻覺 5.CST: 傳記 6.CST: 漫畫 7.CST: 美國

785.21　　　　　　　　　114006971

有著作權・侵害必究
本書如有缺頁、破損、裝訂錯誤，請寄回本公司更換

漫遊者文化
azoth books

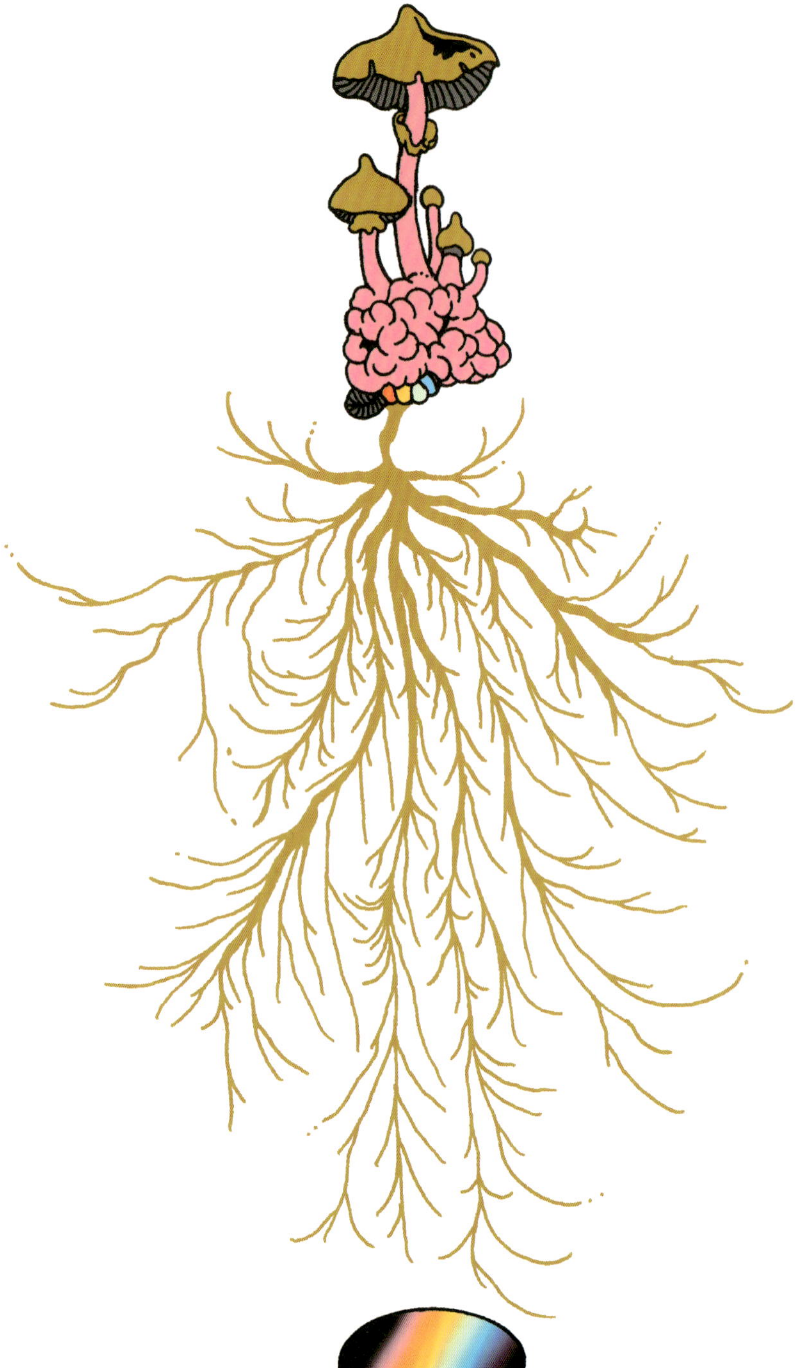

這本書的主人是：

FOR...

VALENTINA PAVLOVNA WASSON

R. GORDON WASSON

MARIA SABINA

ROGER HEIM

AND

KATE LEVITT...

獻給……

瓦倫蒂娜・帕夫洛夫娜・瓦森

R・高登・瓦森

瑪莉亞・薩賓娜

羅傑・海姆

以及

凱特・李維

美國真菌學家導言

——保羅・史塔曼茲（Paul Stamets）——

我在一九七〇年代後期見過高登・瓦森（Gordon Wasson）幾次。多數的讀者應該都很清楚，在認識蘑菇的歷史上，高登對於理解裸蓋菇屬真菌（即迷幻蘑菇）及鵝膏菌屬真菌的重要性一事有多麼深遠的貢獻，但是很多人都不知道，要是他沒有太太瓦倫蒂娜・帕夫洛夫娜・瓦森（Valentina Pavlovna Wasson）的話，是不可能會有這些成就的。瓦倫蒂娜是一名傑出的兒科醫生，也是真正促使兩人開啟這趟追蕈旅程的人。

蒂娜・帕夫洛夫娜來自俄羅斯，俄羅斯有著悠久的「嗜菇」（mycophilia）歷史，相對地，美國人高登・瓦森則是從小就被灌輸「懼菇」（mycophobia）的觀念。「嗜菇」和「懼菇」這兩個詞，其實就是他們發明的，用來描述彼此對蘑菇抱持迥異態度的成長環境。蒂娜從小就會採集、研究野菇，並食用採來的野菇。相較之下，高登一開始還被蒂娜對蘑菇的熱情給嚇到；對當時的高登來說，蕈菇代表的是死亡，是腐爛，是分解，是既黑暗陰冷又危險的地卜世界。

兩人與蘑菇之間那眾所皆知的第一次相遇，是他們在美國紐約州凱斯基爾山度蜜月之時。當時高登和蒂娜對蘑菇的態度與反應，凸顯了雙方的文化差異。他們在這樣的對照之下，一齊展開了一輩子的民族真菌學研究——從俄羅斯到中美洲，從北美到印度，研究不同文化使用蘑菇的民間智慧與歷史。

高登是很晚才在蒂娜的薰陶與啟發之下，漸漸地懂得欣賞蘑菇。歷史理當賦予蒂娜應有的讚譽：兩人之中，她才是那位真菌學家。更別說在發現裸蓋菇素（psilocybin，又稱賽洛西賓）能協助治療身心健康症狀一事上，蒂娜更是先驅。若不是蒂娜手把手地帶領高登走進並深入真菌學研究，高登不可能會去探索這個領域。令人惋惜

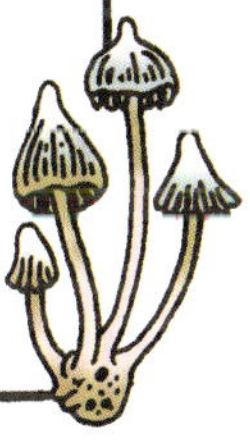

的是，蒂娜於一九五八年因罹癌而英年早逝，享年五十七歲。同年，高登與羅傑．海姆（Goger Heim）的第一部共同鉅作《墨西哥的迷幻蘑菇》（*Les champignons hallucinogènes du Mexique*）分兩冊出版。這本專書也提議將其中一個他們發現的新品種蘑菇，以高登的姓氏命名為「Psilocybe wassonii」，以此紀念瓦森夫婦在真菌分類學上的貢獻。可惜的是該品種的命名，在書籍發行的幾個星期前就被捷足先登，抹去了多年來瓦森夫婦與海姆在墨西哥裸蓋菇屬蘑菇分類上付出的努力及應得的榮譽。該品種的蘑菇，也因此得屈就於另外一個名字。正是因為如此，本書的原書名《瓦森的菌絲體》（*Mycelium Wassonii*）對我來說更是別具意義，希望對讀者你來說，也是如此。這個書名彰顯了瓦森夫婦兩人充滿活力的夥伴關係，並向他們倆的共同成就致敬。

後來高登也延續了蒂娜帶給他的啟發。在我有幸參加的三場講座中，高登熱情洋溢地談到自己對蒂娜從未消逝的愛。在高登憶起兩人共築的愛、共闖的冒險時，我也望見了他的淚水。此刻，推廣用裸蓋菇素來治療疾病的相關運動，正如火如荼地進行著。我相信他們兩人要是知道，這本由布萊恩．布洛默斯執筆繪製的美好書籍，提高了蒂娜在這場運動進程中的地位的話，勢必會感到十分光榮。

請容我在此表達對蒂娜．瓦森的肯定，並向她鞠躬致意。她既是推動研究進展的催化劑，也是引領眾人前進的領導者。蒂娜，還有馬薩特克薩滿暨女巫醫（curandera）瑪莉亞．薩賓娜（María Sabina）等偉大人物——他們願意和瓦森夫婦及更多人分享自身族群傳統——一起傳遞了跨越數千年的知識火炬，也共享了歷史的舞台。

拜瑪莉亞．薩賓娜與蒂娜．瓦森這樣的偉大真菌學家所賜，我們今天得以在這裡相遇，僅此獻上我的敬意。

我們
結婚了

紐約州
登山步道
凱斯基爾山
通往
英里
屠夫峽谷 2.7
史托普觀景點 4.9
斯萊德山 9.0
跟著
登山步道
標示走
紐約州環境保育部

高登，你看！

凱斯基爾山的各種蕈菇
黃雞油菌
高登……你看是雞油菌耶！
上次看到這種菇，是我小時候還住在俄羅斯時！

黃羊肚菌
雞腿菇
高大環柄菇
榆生離褶傘
棕小菇
紫蠟蘑
雲芝
綠紅菇
酒蓋球蓋菇
女巫帽
妳拿這麼噁心的東西想要做什麼？
？

林中雞
刺蝟菇
毀滅天使
白乳菇
華美白鱗傘
黃乳牛肝菌
魔鬼甕
薄蓋蠟孔菌
褐疣柄牛肝菌
松塔牛肝菌
白鬼筆
新粗毛革耳
絨柄小火菇
絨紫紅菇
松乳菇
當然是拿來吃！
鐘型甘膽菇
斜蓋粉褶菌
硬皮地星
密環菌

龍蝦蘑菇
霧色珊瑚菌
栗色絨蓋牛肝菌
灰喇叭菌
紫絨絲膜菌
多窪馬鞍菌
雙色牛肝菌
馬勃
傑克的燈籠
藍亜齒菌
獅鬃菇
桔黃裸傘
蠔菇
紅汁小菇
南瓜帽蕈
烏黑蠟傘
可是…可是…那不是吃起來很噁心嗎!
一點都不會!

毒蠅傘
木蘑菇
櫟生金錢菇
深山杯傘
墨汁鬼傘
毒紅菇
藍綠乳菇
花椰菜菌
出汁蘑菇
牛排菌
刺蝟馬勃
熊掌菇
絲蓋小包腳菇
鹿角炭角菌
玫耳
利氏小菇
只要吃一口，你的人生就不一樣了！
矮額！
吱吱吱吱吱吱

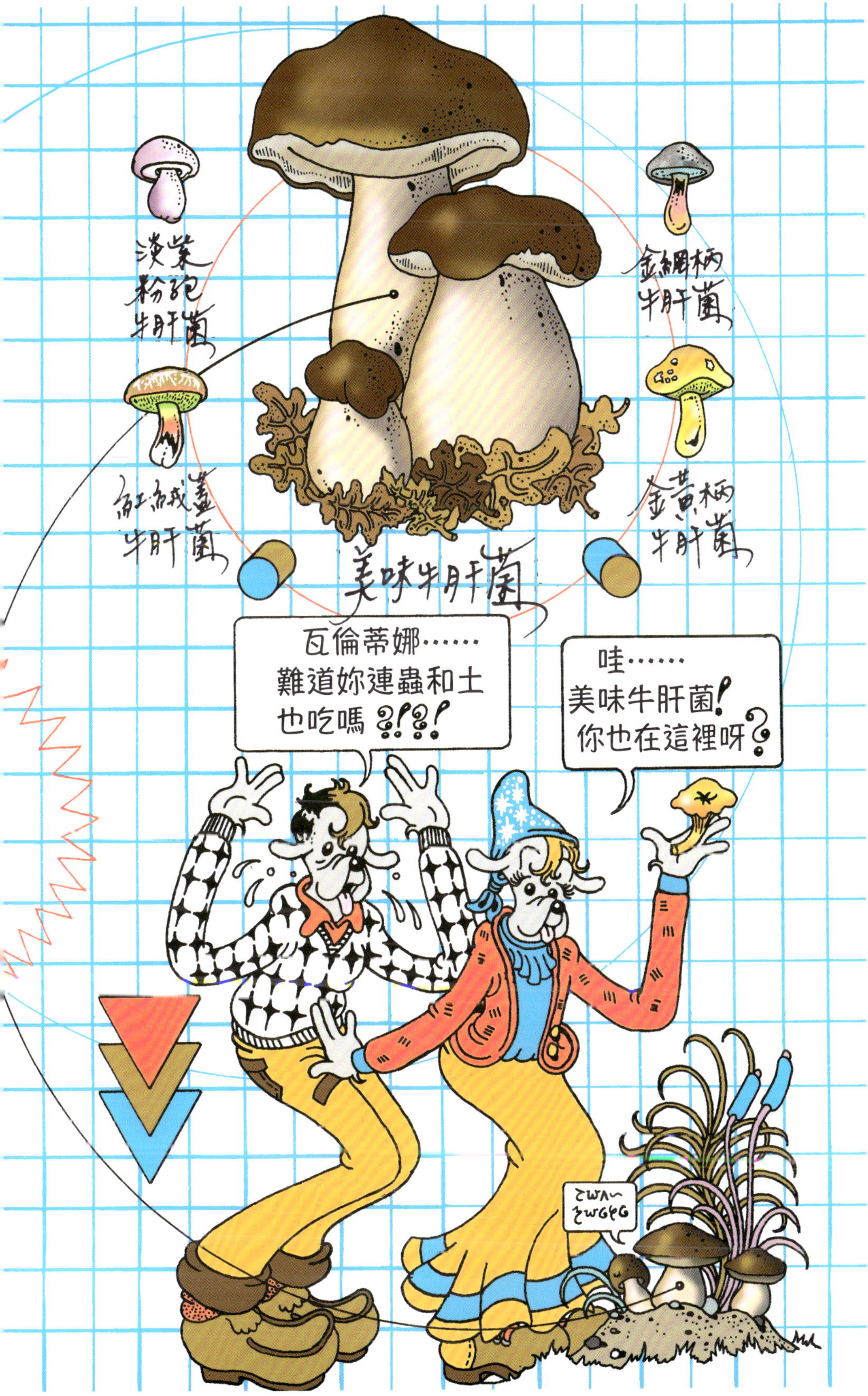
淡紫粉孢牛肝菌
紅絨蓋牛肝菌
金網柄牛肝菌
金黃柄牛肝菌
美味牛肝菌
瓦倫蒂娜……難道妳連蟲和土也吃嗎?!?!
哇……美味牛肝菌!你也在這裡呀?

綠褶菇
橙黃硬皮馬勃
紋緣盔孢傘
蘋果牛肝菌
鹿花菌
假羊肚菌
霜蓋鵝膏
柑橘鱗鵝膏
黃毒蠅鵝膏
褐絨柄牛肝菌
喇叭菌
可是……可是……要是這些東西有毒的話怎麼辦？

死帽蕈
才不會
有毒呢!
?

你一定會愛上它的！

可是…
可是…
可是…

放輕鬆

你先坐下
喝點東西
我來料理
這道佳餚吧！

4盎司 奶油
12
1
2
3
4
5
6
7
8
9
10
11

可是那些東西都很危險、
很邪惡、很噁心啊！
嗯～～～真是美味呀！
怎麼這麼
好吃啦！
哼……呃！

你該不會
連一口都
不試試看吧
瓦倫蒂娜……
我知道我們
在度蜜月
可是…

這種毒菇我是真的沒辦法吞下去！
跟你分享一個我的童年往事…

小時候，我還
住在俄羅斯時
有一次我媽媽
要我去採牛肝菌
КОНСТРУКТОР

★КОНСТРУКТОР（＝konstruktor）
出自俄文，意思是「設計者」或「創造者」。

很幸運的，我
採到了一些
帶回去給我媽媽，
結果她說……
這不是
牛肝菌

我再出門繼續找，
又採到了……
一些

結果她說……
這不是牛肝菌

我只好往森林的深處
去找，到我從來……
都沒去過的森林深處

結果還是
採錯了……
這不是
牛肝菌

乾脆我和妳一起去找吧……
妳才知道什麼是牛肝菌！

出門前，
我媽媽先鉅細
彌遺地跟我說
牛肝菌長
怎樣、摸起來
是什麼感覺、
會長在
什麼樹的
旁邊……
但我還太小，
根本聽不懂！

我們走吧，沒採到的話，就不回家！

結果
我們才剛踏出門……
啊 牛肝菌！

你明白了嗎？
蘑菇是我人生的一部分……也是我們文化的一部分。
不過……
不過……
瓦倫蒂娜！

這裡可不是俄羅斯！
這裡是美國紐約州的阿爾斯特郡，
這些蘑菇吃了可是會死人的！
?

哼哼！

砰

瓦倫蒂娜……
對不起！
ZZ
我知道是我
讓這趟蜜月
旅行變得不
太開心……
zzzzzzz
我只是不想要一覺
醒來就成了鰥夫……

哼哼哼哼
ZZZ

呼呵！
誒誒，
瓦倫蒂娜！
妳還
活著嗎？
ZZZZZZ※
什麼
怎麼了

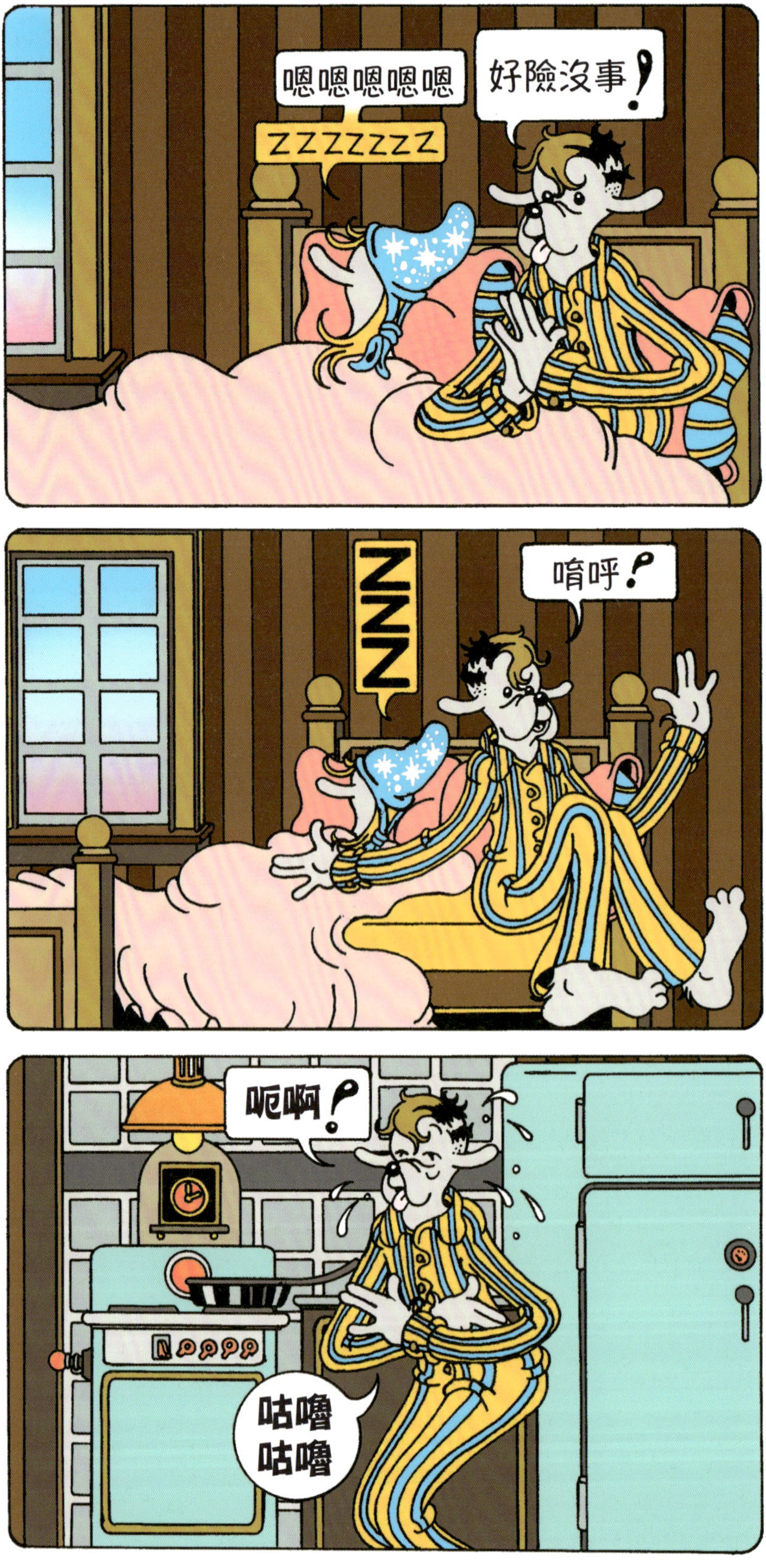
嗯嗯嗯嗯嗯
ZZZZZZZ
好險沒事！
ZZZ
唷呼？
呃啊？
咕嚕
咕嚕

一抛

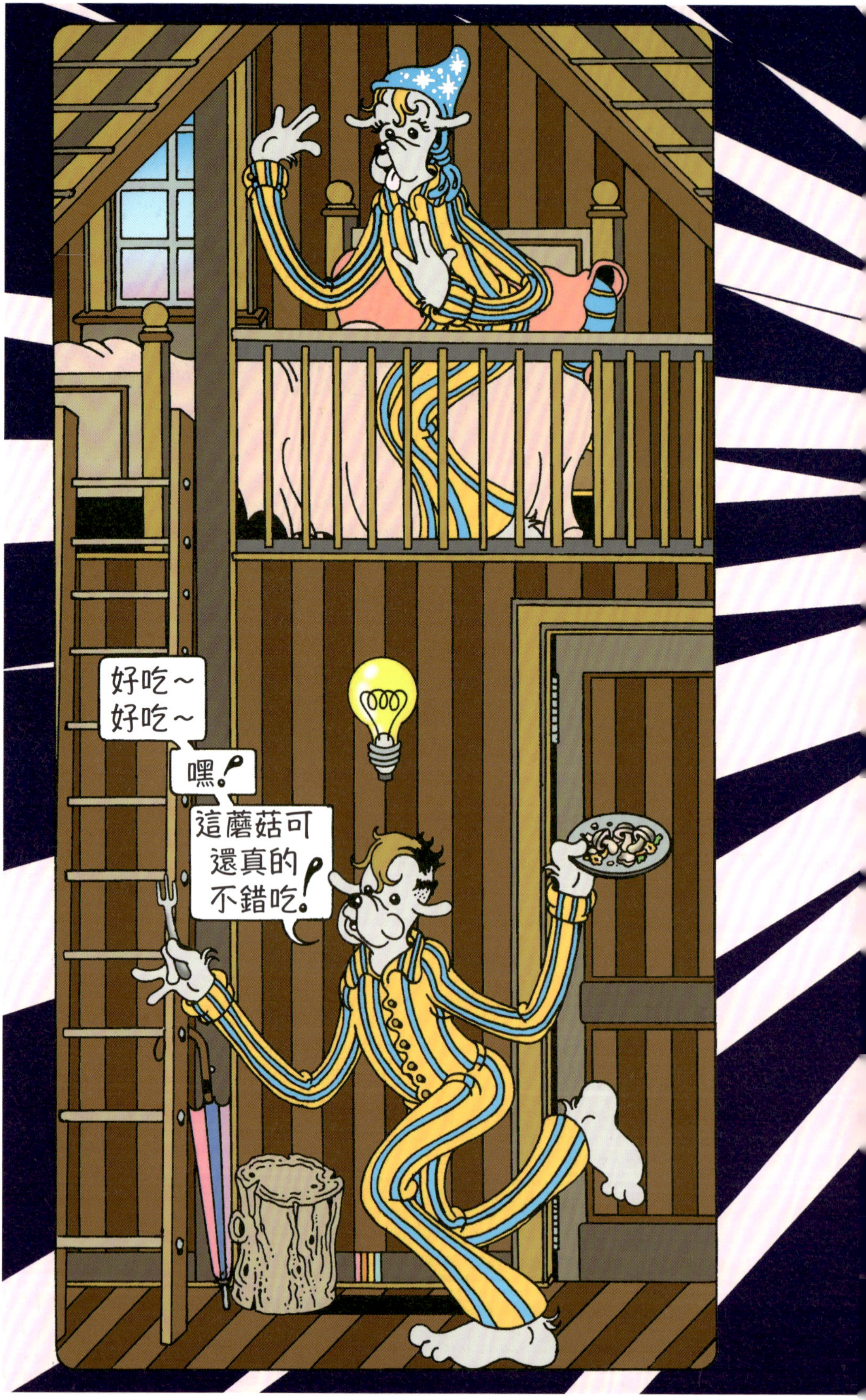
好吃～
好吃～
嘿！
這蘑菇可
還真的
不錯吃！

紐約市
1928

熱蝴蝶餅
5¢

華爾街

長老教會醫院

哼嗯……
金融指數
(我啃
我啃)

哼嗯……
(我嚼
我嚼)
真菌全書

J・P・摩根

下班啦
瓦森！
股市都
收盤了！

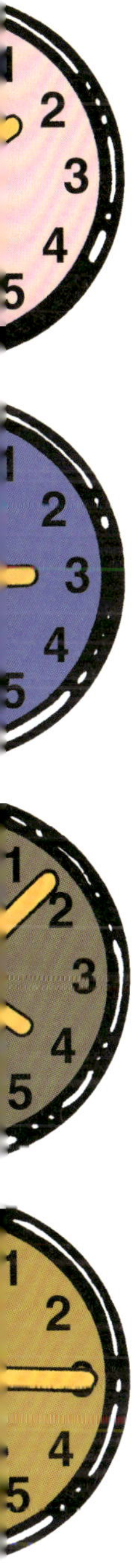

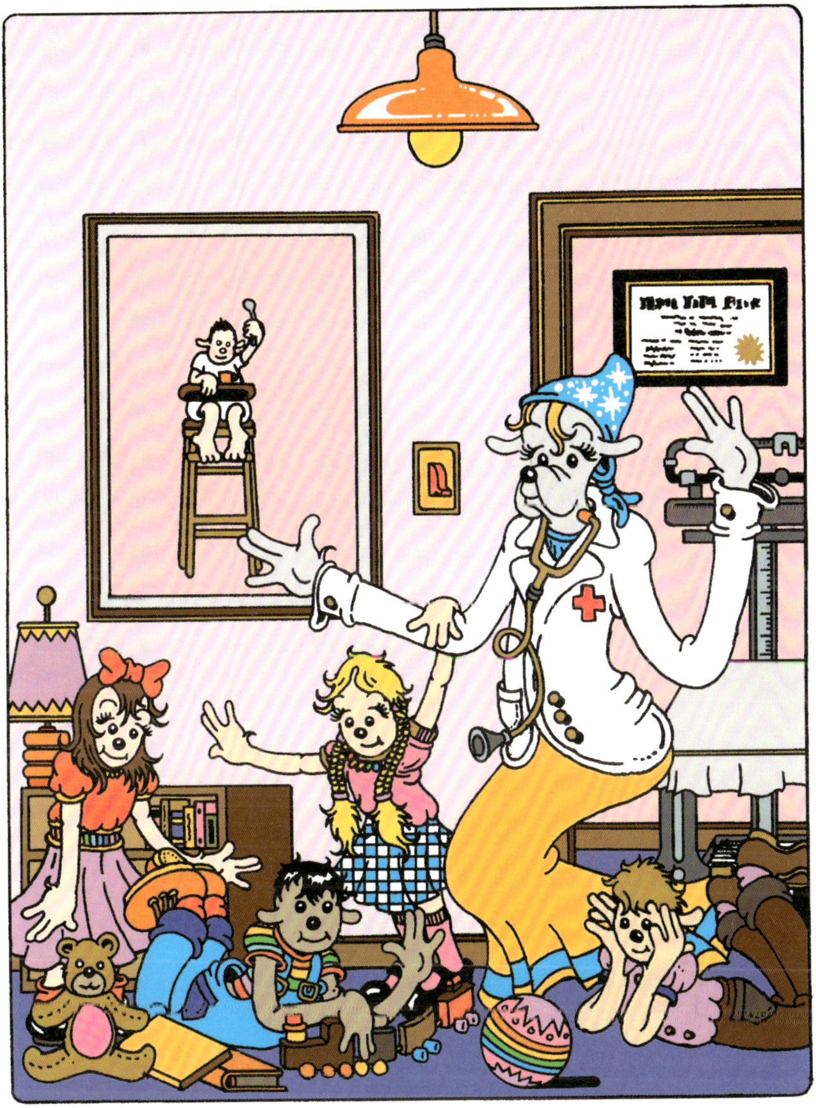

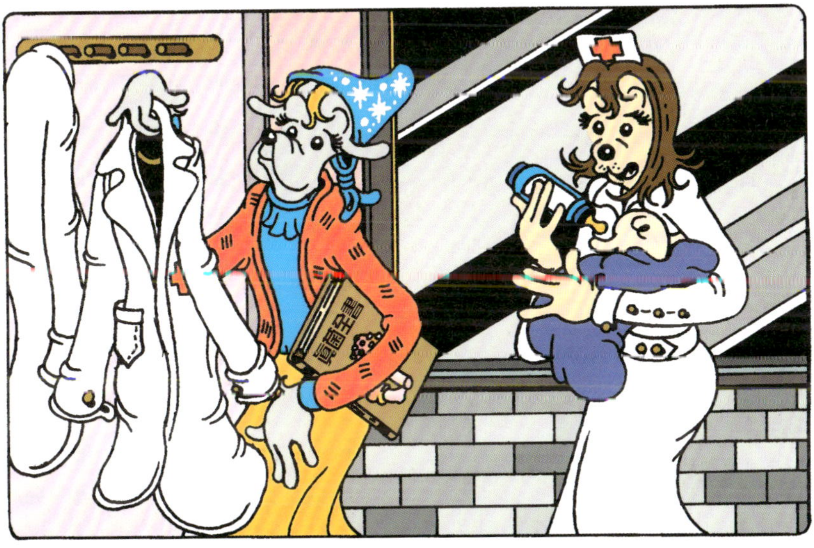

第168街

A
真菌全書

我也同時在找另外幾本書…
嗯，我得去查一下書目清單…

創立於 1915 年
MOSCOT'S
在此開業已超過16年
利文頓街上歷史最悠久的眼鏡行
94
94
配鏡服務
專業驗光
94
94
MOSCOT'S
頂級品質 最佳服務
最實惠的驗光服務

94
您可以信賴的
蘑菇供應商
烹飪、
烘焙、
醃漬專用
進D
乾燥蘑菇

唷，瞧我遇見誰了？
我下班後就跑去找費塞先生買菇
哇牛肝菌耶！

哈哈……你買了什麼？
咳……容我為你獻上…
更多和蘑菇有關的書！
好期待晚餐啊！
我也是！

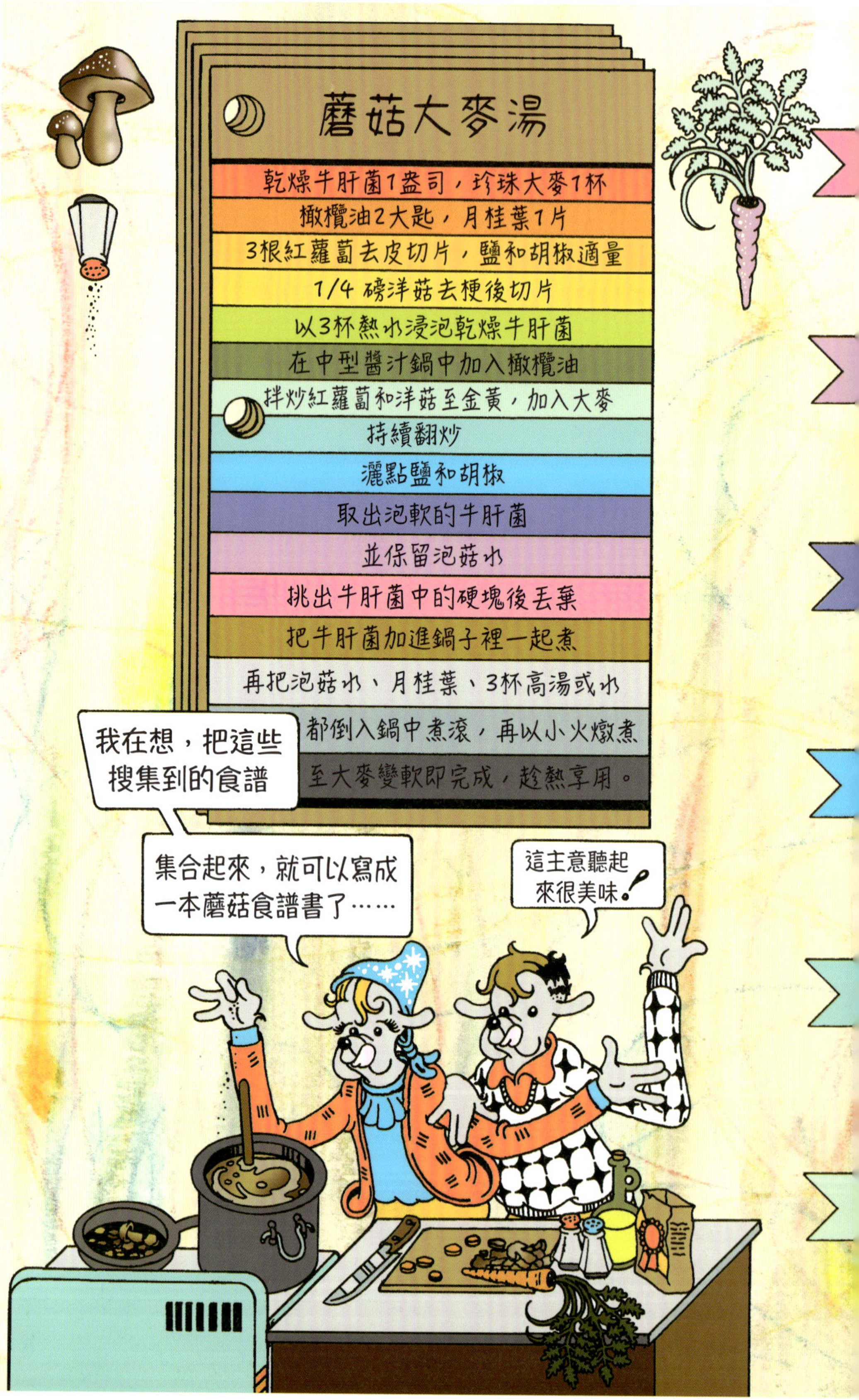
蘑菇大麥湯
乾燥牛肝菌1盎司，珍珠大麥1杯
橄欖油2大匙，月桂葉1片
3根紅蘿蔔去皮切片，鹽和胡椒適量
1/4 磅洋菇去梗後切片
以3杯熱水浸泡乾燥牛肝菌
在中型醬汁鍋中加入橄欖油
拌炒紅蘿蔔和洋菇至金黃，加入大麥
持續翻炒
灑點鹽和胡椒
取出泡軟的牛肝菌
並保留泡菇水
挑出牛肝菌中的硬塊後丟棄
把牛肝菌加進鍋子裡一起煮
再把泡菇水、月桂葉、3杯高湯或水
都倒入鍋中煮滾，再以小火燉煮
至大麥變軟即完成，趁熱享用。
我在想，把這些搜集到的食譜
集合起來，就可以寫成一本蘑菇食譜書了……
這主意聽起來很美味！

俄式奶油焗烤蘑菇
棕色蘑菇24盎司
紅蔥頭2個，芥花籽油2大匙
酸奶油1/2杯，鮮奶油1/2杯
大蒜粉1大匙，鹽和胡椒適量
3/4 杯莫札瑞拉起士絲
蘑菇和紅蔥頭切薄片
在平底鍋中加入油，待油熱後
加入蘑菇和洋蔥，以鹽和胡椒調味
用中火拌炒，濾掉湯汁
將大蒜粉、酸奶油、鮮奶油、胡椒粉
全部加進一個碗裡
攪拌均勻後倒進鍋中
和蘑菇一起拌勻
再倒入烤盤裡
把起士灑在上面，以攝氏 190 度
烤10到15分鐘後，趁熱享用
那我也許可以幫這本食譜寫一篇論文
闡述我想到的理論！
咕溜

關於有些文化嗜菇……
熱愛各種蕈菇！

有些文化則懼菇
害怕蕈類
的確很像你會想到的主題！

瑪莎、彼得，吃晚餐囉！

我喜歡做某件事的程度，和我愛吃菇一樣…妳知道是什麼事嗎？

讀和蘑菇
有關的書！

這本食譜書簡直就像蘑菇一樣
它不只越長越大，還有很多變化……

蘑菇關係圖
俄羅斯
英格蘭
民間故事
癩蛤蟆
囊括好多不同的領域！
MUSSIRIO (拉丁文)
MOUSSERON (法文)
MUSHROOM (英文)
字源學
懸疑推理小說

喔對了…
今天收到
這封信！
什麼
信？
羅伯．葛雷夫
寄來的信！？
蒂娜，這怎麼可
能……羅伯．葛
雷夫可是文學界
的大名人耶？
是我幫你
寫信給他
的！

現在你得回信給人家囉！
哼嗯嗯……
哼嗯……
揉揉揉

喀啦
喀啦
呃啊
哼嗯……這裡
有個電話號碼……
可是國際電話
貴到爆……
不管了，這通電話
花少錢都值得啦！
鈴鈴

哈囉…
INK

請問是葛雷夫先生嗎？
我是高登．瓦森……
啊……
是蘑菇先生嗎！
很高興收到
蘑菇太太的來信！
橙蓋鵝膏

毒鵝膏
我認為你們說的一點也沒錯……
從你們的研究看來……
那個羅馬皇帝克勞狄烏斯確實是被毒死的
他先是吃下毒鵝膏
它被混入他最喜歡的
橙蓋鵝膏中
然後當他病倒後，又過度服用苦西瓜果
這種瀉藥，最後不治身亡
所以小塞內卡才會寫下
神聖的克勞狄烏斯變成瓜這篇諷刺文！

瓦倫蒂娜說你們把食譜書寫成專題論述了…
有幸先聽你分享一段裡頭的趣聞嗎？
我想想……堪察加半島上有一個科里亞克族……
他們會餵馴鹿吃毒蠅傘菌
然後把馴鹿的尿收集起來……

再喝掉它……
這樣就可以體驗
令人沉醉的幻覺了

這讓我想到……
我有一篇剪報可以給你……
它講的是植物學家
理查．伊文斯．舒爾茲
對於墨西哥馬薩特克人
怎麼使用神奇蘑菇的研究……

說到這裡，
我得先掛電話了。
還有，既然你這麼有錢可以打國際電話
要不要考慮匯點錢給我……
因為我現在非常窮！
嘟嘟嘟

你回信給葛雷夫先生了嗎?
寫什麼信…
我直接打給他了!
然後呢
他簡直是神!
我們一定要去墨西哥看看!

1953

1 墨西哥瓦哈卡，瓦烏特拉·德·西門尼斯鎮
1953年3月9日

親愛的瓦森先生，

我很樂意盡我所能，告訴你所有和馬薩特克人的蘑菇有關的資訊。馬薩特克人很少跟外人提到蘑菇的事情，但是對蘑菇的信仰，在他們族人之間可謂相當普遍。曾經有個男孩對我說，「因為我們窮，看不起醫生，付不起昂貴醫藥費，所以耶穌給了我們蘑菇。」

他們會說，蘑菇會幫助「好人」，要是「壞人」吃了蘑菇，蘑菇會殺了他或是讓他發瘋。這裡的「好與壞」之分，在於「儀式性潔淨」與否（一個人就算殺過人，但保持「潔淨」的話，吃蘑菇也不會有事）：只要在吃蘑菇的五天前、五天後都沒有性行為，吃蘑菇就會是安全的。五年前，鎮上有一個鞋匠發瘋，他的鄰居就說，那是因為他吃了蘑菇以後又和太太有性行為的關係。

吃蘑菇的人，通常不是已經生病的人，也不是病人的家人。馬薩特克人會付錢請「智者」吃蘑菇，再由智者轉達蘑菇的話。智者只會在晚上吃蘑菇，因為蘑菇「比較喜歡在人們看不到的時候做事」。馬薩特克人在討論蘑菇時，會把蘑菇當成有自己性格的主體，他們不會用「智者說……」，而是會直接說「蘑菇說……」。

蘑菇會告訴智者病人生病的原因，也會說這個人是否能活下來。每個我們訪問過的人，都堅稱他們在吃了蘑菇後看見了天堂。他們也會看見發生在美國境內的動態影像，還會看見海洋。這對住在山裡的人來說，想必是件令人興奮的事情。蘑菇——他們稱它「西·特奧」〔Si THO〕，或是更有感情地稱呼它「恩蒂伊·西·特奧」（尊敬的親愛的西·特奧〔'NTi Si THO〕——是棕色的，盛長於雨後的六月與七月。它們會長在草叢之間，人們也常在牛糞上發現。要是採不到新鮮蘑菇，馬薩特克人也不強求。

對於使用蘑菇的傳統至今仍未消失，我深感遺憾。我很希望他們能依照《聖經》裡基督的旨意行事，而不是被蘑菇迷惑。你來訪時我剛好不在，不過我可以推薦赫南德茲當你的嚮導。

Eunice V. Pike

尤妮斯·V·派克

*Eunice V. Pike（1913–2011），美國宣教士暨語言學者，在墨西哥山區為馬薩特克族群記錄語言、翻譯聖經，並發表了多篇民族誌與語言學研究。

95
山頂
1.你在幹嘛？
2.當一群書呆子的褓母來賺錢！

瑪莎，妳看……
馬薩特克語是一種聲調語言，所以可以用吹口哨來交談！

哈囉，赫琳達！

赫琳達，很高興認識妳！
多虧派克小姐的介紹，這些是要給妳的禮物！
我們其實是為了…神聖蘑菇而來的。
噓噓噓！絕對不要告訴別人你是為了這個來的！

我小叔可以帶你去看蘑菇生長在哪裡！
奧瑞里歐，這個人想要找神聖蘑菇…
噓噓噓妳小聲一點！

今年雨季比較早結束…
所以可能沒有很多蘑菇……
等等就知道了…

喔…
找到了…

神聖蘑菇好美呀！
?
維克多，既然我們已經採到蘑菇了
你可以幫我們找能進行儀式的智者嗎？
你怎麼了嗎？你看起來不像生病了啊？

?
我們很久沒有兒子彼得的消息了……
他在一個很糟糕的地方！
又冷又暗
恐怖得難以置信！
一個叫波士頓的地方！
可是波士頓沒有那摸空哺，呃嗚
噓……
我來幫你解決這個波士頓問題

幾塊柯巴脂
可可豆 26 顆
母雞蛋4顆
墨西哥
火雞蛋2顆
金剛鸚鵡美麗的羽毛2根
請備齊這些
器具……

玉米粒 53 顆
樹皮紙6張
蘑菇14對
然後，晚上九點整，來我家找我！
菸草

太陽快下山了……
可以開始了……

祭壇
燈油油壺
盛有餘燼的陶片
柯巴脂
可可豆
母雞蛋
火雞蛋
羽毛
蘑菇
玉米粒
樹皮紙
像這樣把所有東西擺好……

吾食蘑菇一對……
汝等勿食蘑菇……
切莫！

等我將
柯巴脂投入
餘燼裡……
請每個人都拿
一顆蛋在手中

在煙霧逐漸瀰漫
整個房間時……
我掬起玉米粒

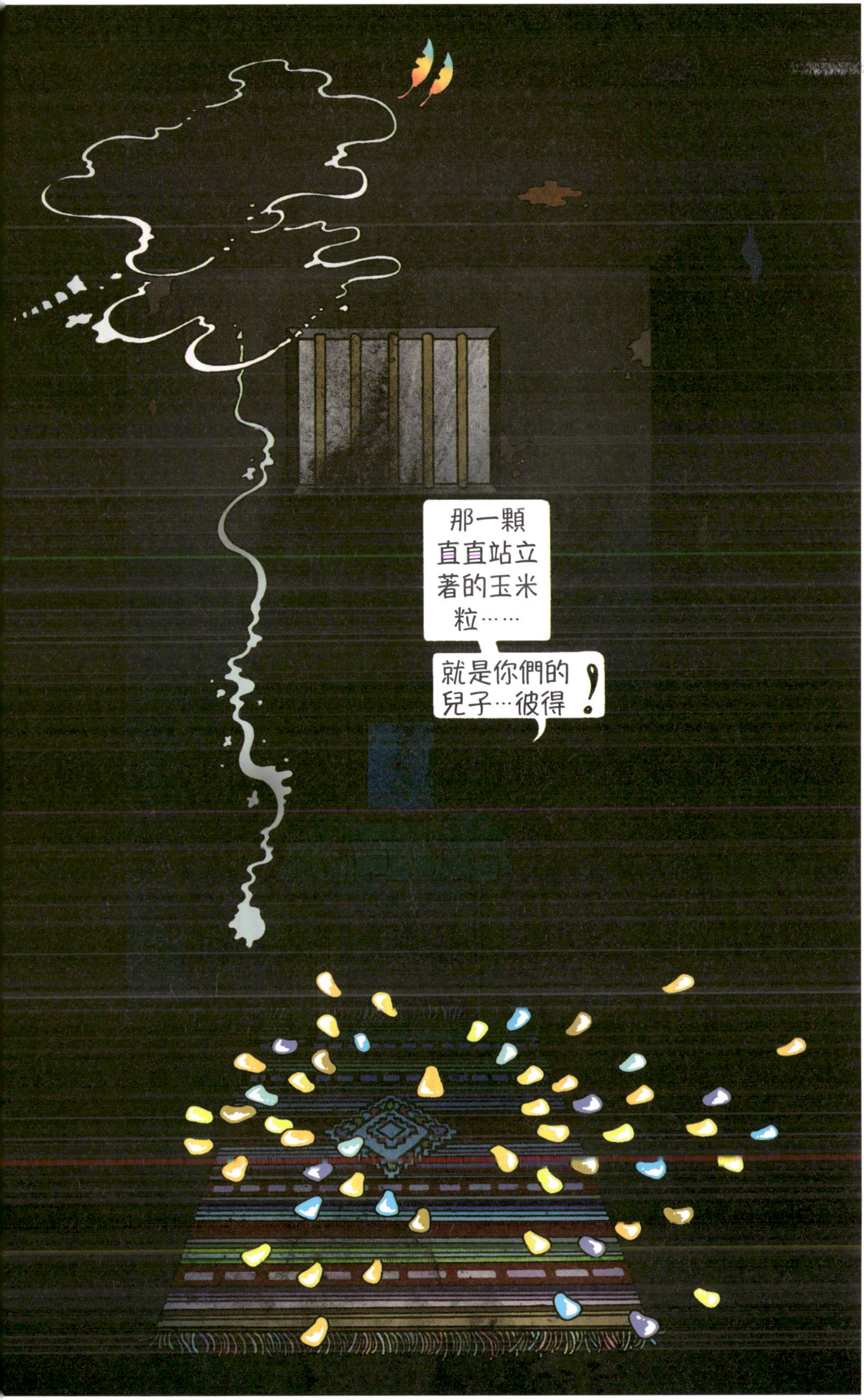
那一顆直直站立著的玉米粒……
就是你們的兒子…彼得！

我用織布
裹頭……

羽毛
可可豆
樹皮紙
打結
羽毛的尾巴

油燈油壺

哼嗯…

ZZZ
你們的兒子
不在波士頓……
而是在
紐約

你們想睡的話……
就睡吧
我得在我的肚子上抹菸草，要抹一陣子……

我說！
你沒讓他們吃蘑菇是對的。

彼得！
你們不在的時候
我辦了個趴
喝超醉
還簽下去從軍了！

*美國中央情報局
CENTRAL INTELLIGENCE AGENCY
UNITED STATES OF AMERICA
1954
Ow Λw

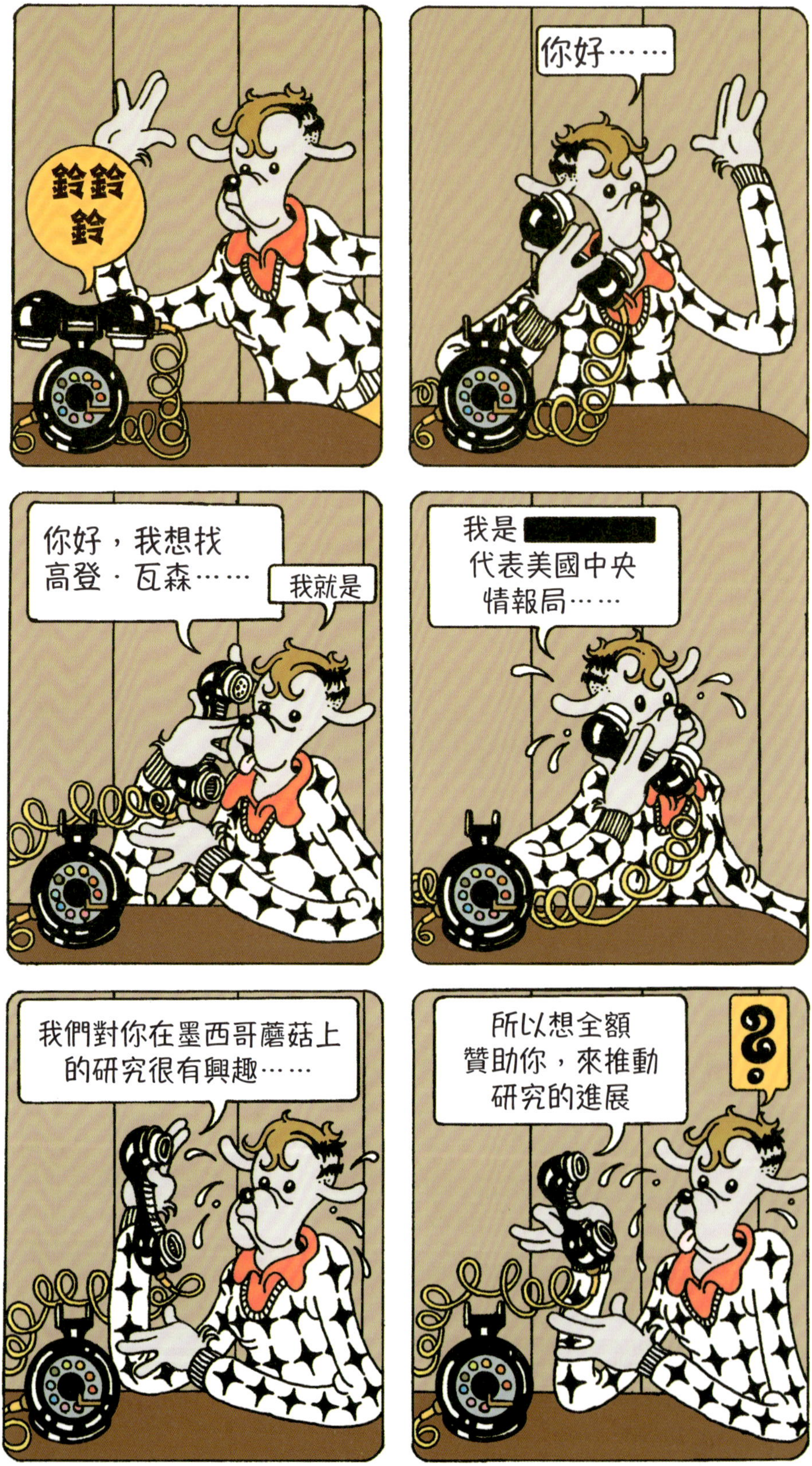
鈴鈴鈴
你好……
你好，我想找高登·瓦森……
我就是
我是 [redacted] 代表美國中央情報局……
我們對你在墨西哥蘑菇上的研究很有興趣……
所以想全額贊助你，來推動研究的進展
?

這樣啊，我和我太太在寫一本跟這個主題有關的書……
基於國家安全的考量，我們必須擁有全部研究內容的版權……
噢是嗎……那就不用麻煩了……
喀啦
該死！

哇哈！
席尼！你把我嚇得魂飛魄散……
所以勒……咱們的瓦森男孩怎麼樣？

他喔……他在銀行業工作……老婆是俄國人，但不是共產黨…
感覺滿好搞定的……
但是……他秒拒絕跟我們合作耶。
那麼……就按照慣例……
殺了他？
哈哈不是啦，傻了嗎你！

L
R
L
L
R
L
R
R
L
L
R
R
起點
透過某個基金會！
直接開張支票給他！

我跳民族
舞蹈以待！

咦…哇嗚！
蓋謝克特基金會寄來的支票耶……
但我怎麼不記得自己申請過這個…

1955

*The Brearley School：位於美國紐約市曼哈頓上東區的私立女子學校，常被譽為紐約最難進、最菁英的私校之一。

瑪莎……你們學校牆上掛的這張照片，是誰拍的？
美術部門的主任拍的！

理查森先生，我可以介紹我爸和你認識嗎？

請問你去
過墨西哥
嗎？

瑪莎和蒂娜明天才會到……
看看我們今天能先做些什麼？

哈囉！
我們在找「恩蒂伊·西·特奧」…
？
這還不簡單！

喀嚓！
我從來沒看過這個品種的蘑菇…
也太美麗了吧！
如果你想要使用的話……
我有認識的智者！

這位是
瑪莉亞
薩賓娜！
我們的首席
女巫醫！
小聖人菇！

我的兒子彼得在當兵……
妳可以用這些蘑菇來幫幫我嗎？
喀嚓
透過蘑菇，她搞定了我全部的孩子……
今晚就讓她來搞定你的孩子吧！
？

讓我們從喝熱可可開始吧！
所有人都不可以離開這個房間……

經過這麼多年努力，這一天終於到來……

我老婆
肯定會殺
了我！

喀嚓
(我啃
我嚼)

生病的人之所以會吐，是因為蘑菇想要他吐⋯⋯
如果他不吐⋯⋯
我代替他吐⋯⋯

我看到文字像是小小亮亮的東西從天堂掉下來

I AM A WOMEN
I AM THE GOD STAR WOM
I AM
TO HEAVEN
SWIM
WITHOUT MISHAP

和他人分享儀式的照片
或是儀式經過，
都是背叛的行爲！

呵哈
喀嚓

蒂娜、瑪莎……
妳們一定不會相信……
我們找到神聖蘑菇了！

神聖蘑菇也太美了!
我和瑪莎是不是也應該吃吃看呢?!?!
當然…這樣我就可以在旁邊觀察……

哼……世界的這一頭顯然就沒那麼好玩……
哈哈哈哈
哈哈哈哈

啪—噠—!
新聞

哇，艾倫……你上次拍的照片超棒的耶！
誒誒
你看到那邊那個男的嗎？
是《生活雜誌》總編輯耶！
？

我親自去了墨西哥，還吃到神聖蘑菇！
如果這個故事不值得報導…
還有什麼值得報導！

真的太
開心了！
我們的故事被刊
在《生活雜誌》的
頭版……
妳的美照也被登在
《本週雜誌》的
封面上！
各大雜誌！
各品牌香菸！
糖果等零食！
LIFE
THIS WEEK

可是我得了癌症……

整個鎮都被這些外人入侵了！
他們還踢了這隻雞！
是瑪莉亞的錯……和我無關！
所以才說蘑菇的祕密不能外洩啊！

就算只有一隻眼睛，奧瑞里歐也看得很清楚…
這些外人不懂尊敬蘑菇

TO: 蓋謝克特基金會
百森敬上
C.I.A.

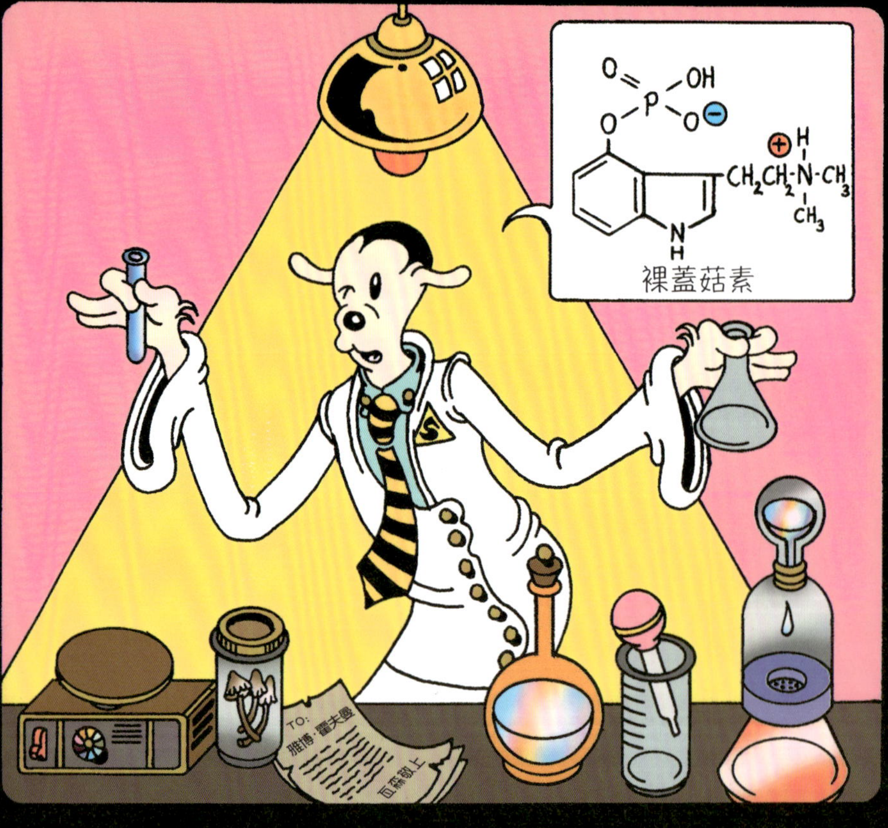
O=P-OH
O-
O⁻
CH_2CH_2-N-CH_3
H
CH_3
N
H
裸蓋菇素
TO: 雅博·霍夫曼
百森敬上

1963

歡迎光臨寒舍，
羅伯·葛雷夫先生
很高興終於能
見到你本人！
兩位女士請自己看著辦了……
我和瓦森還有
重要的事情要處理！

這是我特別留給你的……

(我嚼
我嚼)
你是為什麼開始
研究蘑菇的呢？
其實我也
不知道……
(我嚼
我嚼)

我想是
因為我愛
我老婆吧

你問後來怎樣?
我沒事……
鎮上的人幫我
蓋了一間新房子
他們之前只是
嚇壞了而已

自從瓦森夫婦
來過以後……
蘑菇就不再跟我
說話了……

也許他們會再次開口…以藥物的形式

宗教致幻劑（Entheogen）
是未遭嬉皮文化濫用的詞彙，
不同於啟靈藥（psychedelic）。

告解時間

真菌在地表上最毒的地方（車諾比核電廠的第四號核子反應爐）也可以長得很好。迷幻植物專家泰瑞司·麥肯南 (Terence McKenna) 用「紐約度假區『波希特帶』(Borscht Belt) 上[redacted]那些很會曬太陽的宇宙級喜劇演員」來形容含裸蓋菇素的蘑菇。

（這個說法是我從他的好幾段話拼接起來的，不過感覺是一樣的。）

接下來我要以一個工友叔叔在校園才藝表演台上講了你這輩子聽過最好笑的笑話的感覺[redacted]（拜蘑菇所賜，不是我），為你各位讀者帶來……一些我搞砸的部分。

致謝：

瓦倫蒂娜和高登·華森的共同著作蘑菇，俄羅斯及其歷史第一、第二集，
Mushrooms, Russia and History

以及高登·華森之後的作品：

神奇蘑菇：中美洲的真菌崇拜
The Wondrous Mushroom: Mycolatry in Mesoamerica

與

蘇摩：不朽的神聖蘑菇
Soma: Divine Mushroom of Immortality

還有追尋神聖蘑菇的人，湯瑪士·J·瑞德林格主編
The Sacred Mushroom Seeker

以及文章〈嗜迷者與嗜菇者〉，米歇爾·法蘭德撰寫
The Mythophile and the Mycophile

＊菇菇們－

本書中第一個被我省略的人是羅傑．海姆，但要是沒有他，這一切都不會發生。海姆是世界知名的植物學家，也是其中一位建議瓦森夫婦往墨西哥去探索的人。他也曾經和瓦森夫婦一起去了好幾次墨西哥，去採集蘑菇的樣本，並為他們發現[redacted]的新品種蘑菇繪製水彩素描。本書出現的蘑菇水彩畫都是以他的作品為基礎來畫的，而沒有用類似狗的生物來代表他，以這種方式向他致敬。

對馬薩特克族人來說，參加蘑菇儀式是全家人的事情，就像是去上教堂一樣。參加儀式時，家長會穿上自己最好的衣服出席，然後小朋友會在儀式現場一起過夜。像是奧瑞里歐為瓦森主持的那場道具很多的儀式，當時儀式進行的過程就是斷斷續續的——因為他們一直忙著移開在地板上睡覺的小朋友。

高登 而第一次參與瑪莉亞．薩賓娜主持的儀式，那一次現場總共有二十五個人。

那二十五人當中，有一半都是沒有真正參與、只是在旁邊睡覺的小朋友。說到小朋友，馬薩特克族的小朋友都稱呼高登為「高多」（Gordo），它在西班牙文裡是「胖」的意思。瑪莉亞．薩賓娜說的是[redacted]馬薩特克語，不是西班牙文。所以高登和瑪莉亞之間的溝通，都是經過翻譯的詮釋。瑪莉亞的貝拉達儀式（Velada）充滿了歌聲，吟頌神靈、聖人，提及瞬息萬變的色彩和十三隻倉鼠。瓦森有把她的吟唱錄下來，現在我們可以在「Folkways Records」發行的錄音專輯中，聽到她的聲音。

與其表達語言隔閡這件事……我想到給蘑菇創一個語言。如果你想給自己找苦頭吃，可以試著解解看（解碼方法在書的某個地方）。

第二個我必須坦白被我省略掉的人，是瑪莉亞的女兒波隆妮雅（Polonia），但當時我實在畫不出另一張臉了。

瓦森夫婦一共去了好幾趟墨西哥，我只畫了其中少少的兩次。

雅博．霍夫曼（Albert Hofmann）和安妮塔．霍夫曼（Anita Hofmann）曾經和瓦森夫婦一起去過墨西哥一次，進行其他迷幻植物的研究。雅博穿上馬薩特克族全白的男性服飾，看起來有夠潮。在雅博因為食物中毒不舒服的時候，安妮塔參與了其中有使用到占卜鼠尾草的儀式。當初也是透過羅傑．海姆，霍夫曼夫婦才會收到蘑菇。

這樣好了，我現在速速畫個羅傑吧。

（誰都逃不出我的手掌心）

蓋謝克特基金會（也就是美國中央情報局，CIA）的詹姆士．摩爾（James Moore）也和高登．瓦森去過墨西哥，不過他之所以去這一趟的真正原因，仍未可知。

詹姆士這個人據說是個掃興的傢伙。這人得到了蘑菇樣本後，也沒有成功分離出裸蓋菇素。

~~最後一個我想補充的細節⋯⋯~~

瓦森身為摩根大通公關部門的副總（我把他的辦公室畫成在地下室，淒淒慘慘戚戚，完全與事實不符～～～），顯然是有點擔心同事在看到《生活雜誌》上的報導後，會怎麼看待他放假都在墨西哥晃來晃去找蘑菇這件事。對此，高登的老闆大笑置之，然後說：「誰沒有嗜好，只不過多數人都是去滑滑雪而已！”」

親愛的讀者，希望你也有注意到，瓦森的案例可以說是業餘真菌學家的一大勝利。他們憑藉自身累積的龐大知識，甚至開創了一個全新的研究領域——民族真菌學。

[redacted]關於在《生活雜誌》上發表文章、
使得神奇蘑菇聲名大噪一事，
高登的確有表達過對於馬薩特克族的領地
遭遇「披頭族入侵」的懊悔。
還有人說，這也是高登所有與蘑菇相關的
著作都是限量發行的原因。
現在當你去到墨西哥的瓦烏特拉・德・
西門尼斯鎮（Huautla de Jiménez），
可以看到一座瑪莉亞・薩賓娜的雕像。

這就是人生啊。

至於我本人……是還活著。
2020 年 4 月 6 日，
我在比佛利路和亞蓋爾街口的一個角落，
發現了一袋蘑菇。

也許我有拿走，
也許我決定將菇菇留給下一個人。
不管怎麼說……這袋蘑菇
都是宇宙給的一個有趣的訊號，
像跳呵奇波奇舞 (Hokey Pokey)
那樣不斷地轉圈——
世事不就是如此嗎？

P.S.
這篇文從哥哥起頭
結尾收在弟弟身上
這種事該有多難得？
在此向當初建議鑽研此主題的民族藥理學家
丹尼·麥肯南 (Dennis McKenna)
致上無盡的感謝。
THANKS!

THANK YOU!

María Sabina, Aurelio Carreras, Valentina Wasson, R. Gordon Wasson, Masha Wasson Britten, Peter Wasson, Roger Heim, Allan Richardson, and Robert Graves.

Slippy, Foxy, Pepper, Pesto, Spiny Maus, Kate Levitt, Robert and Patricia Blomerth, Beverly Silver and Richard Levitt, Allison and Marshall Lamm, Florence Lamm, Foster Lamm, Paul and Michael Prillaman, Davey and Mandy, Zach Sokol, Pete Gamlen, Travis Miller, and of course Jonathan Coward.

Mark Iosifescu, Bryan Cipolla, Casey Whalen, Jesse Pollock, Keith Abrahamsson, Tom Clapp, Andres Santo Domingo, Dennis and Terrence McKenna, Anita and Albert Hofmann, Paul Stamets.

特別感謝赫夫特研究中心（Heffter Research Institute）、MAPS（跨學科致幻劑研究協會）。這本是我既蠢……又還是有個認真目標在背後的書。深入了解有關致幻劑的研究，和執行致幻劑研究以及其他相關領域的法規推動等等。也要謝謝約翰．霍普斯金大學。最後我要謝謝紐約水族館的海獅布魯斯，我們很快就會再見。

把這本書
放在外頭……
也許這個地方
會長出一朵蘑菇